COLLECTION L'ENVOL

LE GRAND HÉRON

Texte, dessins et photographies
Par Suzanne Brûlotte

ÉDITIONS
BROQUET INC

418, chemin des Frênes, L'Acadie, Qc, J2Y 1J1
Tél. : (514) 357-9626 Fax : (514) 357-9625

Données de catalogage avant publication (Canada)

Brûlotte, Suzanne
    Le Grand Héron
    (Collection L'Envol)
    Comprend des réf. Bibliogr.
    ISBN 2-89000-387-6
    1. Grand Héron - Ouvrages pour la jeunesse.
I. Titre. II. Collection : Collection L'Envol
(L'Acadie, Québec).
QL696.C52B78 1995   j598.3'4   C94-941575-8

Révision scientifique : Christian Houle

Infographie : Antoine Broquet

Copyright © Ottawa 1995
Éditions Broquet Inc.
Dépôt légal - Bibliothèque nationale du Québec
1er trimestre 1995

ISBN 2-89000-387-6

LE GRAND HÉRON

À Jean-Yves

mon compagnon de vie

TABLE DES MATIÈRES

«Jouir du Grand Héron suppose qu'on devienne soi-même Grand Héron, ou mieux : touffe de roseaux, branche immobile, reflet des présences minérales.»

«Si la douceur du Grand Héron est moulée dans son vol, toute sa gravité est dans son cri».

Pierre Morency

Le Grand Héron est certes l'échassier* le plus connu en Amérique du Nord. Quel plaisir de l'observer le long des rivières, des lacs, des marais ou des étangs ! Avec son long cou flexible, il attend patiemment, immobile, majestueux, au bord de l'eau, l'occasion propice de capturer une proie de son long bec.

Le soir, le Grand Héron, au vol lent et silencieux, traverse le ciel, son cou arqué, ses longues pattes traînant derrière lui. Il disparaît vers son aire de repos.

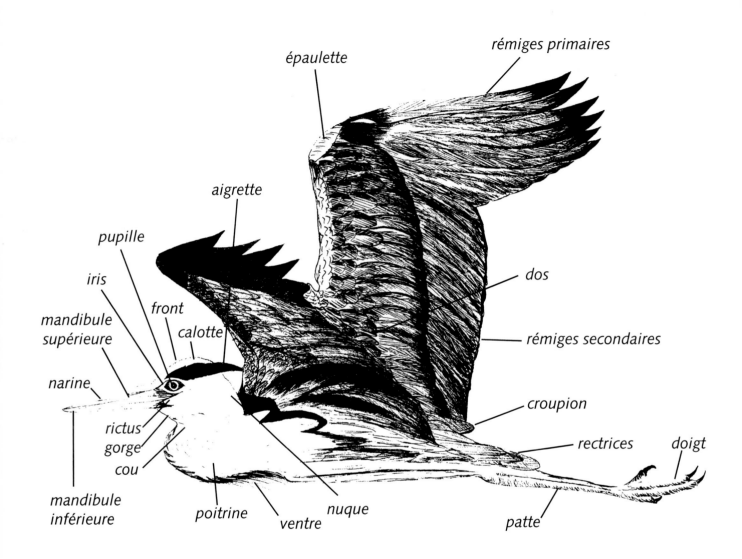

épaulette

rémiges primaires

aigrette

pupille

iris

front

mandibule
supérieure

calotte

narine

dos

rémiges secondaires

rictus

croupion

gorge

cou

rectrices

doigt

mandibule
inférieure

poitrine

ventre

nuque

patte

12

DESCRIPTION DE L'ADULTE

Le Grand Héron est le plus grand de la famille des Ardéidés. Il mesure plus d'un mètre de hauteur et deux mètres d'envergure*. Le plumage nuptial est attrayant. Son corps est couvert de plumes lâches d'un gris bleu. L'avant de son cou et de sa poitrine est fortement rayé de noir de blanc et de roux. Son bec jaunâtre est pointu comme une lance. Sa tête blanche est traversée d'une large bande noire partant de l'oeil et se terminant vers l'arrière en de longues aigrettes. Au bas de son cou grisâtre pendent de longues plumes. Ses longues pattes sont d'un vert brunâtre.

Ce plumage est identique chez le mâle et la femelle de l'espèce. Mais lorsqu'arrive la fin de la période estivale, les jeunes et les adultes ont des couleurs moins éclatantes.

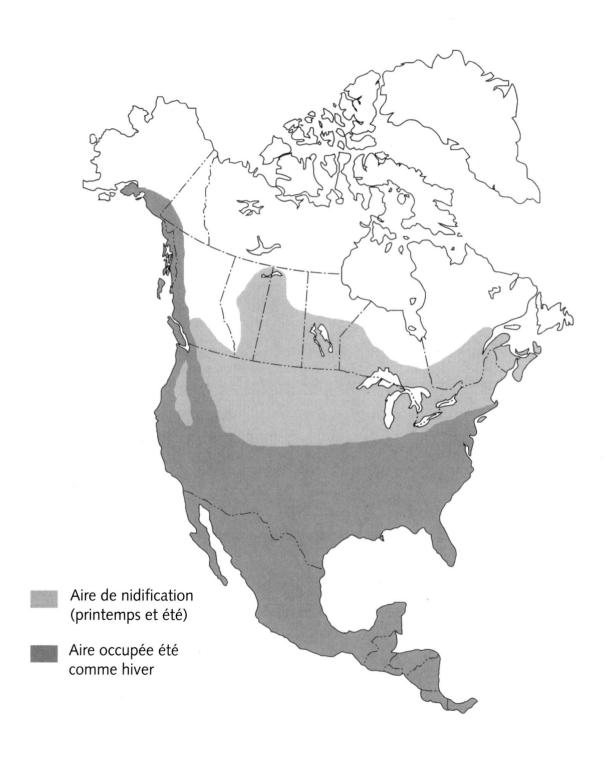

Aire de nidification
(printemps et été)

Aire occupée été
comme hiver

SON AIRE DE DISPERSION

Le Grand Héron est dispersé à travers toute l'Amérique du Nord. En période de reproduction, il couvre tout le sud du Canada jusqu'au Mexique, le sud de la Floride et même Cuba.

En dehors de cette saison, on peut le rencontrer dans le sud de l'Alaska et au centre du Canada.

L'espèce hiverne en grand nombre sur la côte de la Colombie-Britannique, parfois dans les provinces maritimes et dans le sud des États-Unis, au Mexique, à Panama jusqu'au Vénézuela.

Les oiseaux qui ont niché au sud et sur la côte ouest des États-Unis ne migrent pas ou se déplacent très peu.

LA MIGRATION

La migration printanière est une période très importante. Les oiseaux se déplacent sur de grandes distances pour retrouver leur aire de nidification située dans les régions septentrionales.*

Cette migration débute à la fin de février ou au début de mars mais c'est surtout en avril et mai que nous pourrons enfin apercevoir avec un peu de chance un Grand Héron.

Au printemps, il n'est pas rare de découvrir des migrateurs hâtifs se rassembler aux alentours des lacs en quête de petits poissons pouvant être capturés aux endroits non gelés.

Quant à la migration d'automne, elle se situe de la mi-septembre à la fin octobre. On peut les apercevoir, solitaires ou par groupes pouvant atteindre jusqu'à 12 oiseaux.

SON HABITAT

Il est commun de rencontrer cet oiseau imposant en eau douce ou salée. Il se tient le long des cours d'eau tels le bord des fleuves, des rivières, des lacs, des marais, des étangs et même le long des fossés pour y trouver sa nourriture.

Son territoire* de subsistance dépendra de l'abondance de nourriture. Cela varie de quelques mètres à plusieurs hectares*. Ce territoire, il le défendra par des manifestations agressives et impressionnantes en étalant ses ailes et en pointant son bec vers le ciel ou en hérissant ses plumes et en mettant son cou en forme de S. Si l'avertissement n'est pas suffisant, il attaquera l'adversaire à grands coups de bec. Cette défense de territoire se produira surtout en période de nidification mais peut durer toute l'année,

Lorsque la saison de nidification est terminée, la notion de territoire disparaît chez le Grand Héron. Il s'appropriera un domaine vital c'est-à-dire un endroit qui lui est propre et où il pourra trouver sa nourriture pour vivre. Il peut se montrer agressif lorsque la nourriture est rare et qu'il est près d'un autre héron.

LA COUR

Il est très rare d'avoir la chance d'observer la parade nuptiale des Grands Hérons car ces grands oiseaux préfèrent des endroits isolés. Il faut éviter absolument de les déranger.

Les Grands Hérons commencent à se reproduire vers l'âge de 2 ou 3 ans. Ils commencent à se faire la cour dès qu'ils sont arrivés sur leur territoire* de reproduction.

LA FORMATION DU COUPLE

C'est le mâle qui détermine l'emplacement du nid. Il doit alors le défendre et se gagner les faveurs d'une femelle. Pour l'attirer, il fait claquer son bec, debout sur son nid en abaissant la tête ou en le pointant vers le ciel. Dans le langage du héron, il signifie à la femelle convoitée qu'il veut s'accoupler et non l'attaquer.

Il s'enclenche alors tout un rituel où la femelle s'approche lentement, le temps de laisser au mâle la chance de s'habituer à sa présence. Puis le mâle la frappe de son bec, la femelle se dérobe jusqu'à ce qu'elle réussisse à capter son bec comme pour un «baiser». Alors d'un commun accord, le couple est prêt à la construction du nid.

PARADES NUPTIALES

Il existe au moins 4 parades nuptiales* précédant l'accouplement :

La première consiste à défendre le nid contre les autres hérons. Le mâle et la femelle tendent la tête et le cou en dehors du nid en claquant du bec.

La deuxième parade s'accomplit lorsque la femelle reçoit du mâle des matériaux pour la construction du nid.

Elle étire son cou et son bec à la verticale et lance un «hurlement». L'étirement du cou signifie que la femelle est prête à s'accoupler.

La troisième est un rituel exécuté par les deux oiseaux lorsqu'ils se font la cour. Les deux oiseaux se tiennent par l'extrémité du bec et se balancent la tête d'avant en arrière.

La quatrième est une séance de toilettage mutuelle. Chacun
nettoie et lisse les plumes de son partenaire à l'aide de son bec.

L'ACCOUPLEMENT

Lorsque le mâle et la femelle sont prêts à s'accoupler, ils exécutent une ou plusieurs parades nuptiales. Perchés sur une branche ou dans le nid, le mâle monte sur le dos de la femelle recroquevillée. Le mâle saisit dans son bec les plumes du cou de sa compagne. C'est à ce moment que se produit la copulation*. Après cette brève rencontre, le couple continue à se secouer et lisser ses plumes.

LA NIDIFICATION

En général, le Grand Héron niche en colonies de plus ou moins grande importance allant de 6 à 7 nids jusqu'à une centaine et même plus. La moyenne est de 30 nids.

Ces oiseaux préfèrent nicher dans des forêts de feuillus mais ils peuvent utiliser aussi les forêts de conifères ou mixtes. Ils choisissent un endroit isolé sur une île boisée, dans les arbres inondés par les digues de castor ou au bord de lacs tranquilles leur offrant ainsi un meilleur champ de vision et une facilité de s'approcher lorsqu'ils sont en vol.

Quelques fois, ils doivent cohabiter avec les cormorans qui leur livrent une compétition pour la possession de leur nid. Par contre le Bihoreau gris peut occuper pacifiquement la colonie avec son cousin mais il n'établira son nid qu'en bordure de la héronnière*.

LE NID

Le nid est fait de branchage et occupe le faîte de grands arbres. Le Grand Héron ramasse les brindilles au sol, des branchettes arrachées aux arbres ou à d'autres nids occupés ou non.

Le mâle apporte généralement les matériaux. La femelle étire son cou avant d'accepter les rameaux pour les insérer dans le nid.

La construction du nid peut durer quelques jours. Pour terminer la construction de ce nid douillet, on y ajoute des brindilles, des herbes et des feuilles pendant toute la période de nidification.

Mais après une dizaine d'années, les insectes, les maladies et les excréments* accumulés sur le sol détruisent l'équilibre fragile et contribuent à l'assèchement des arbres. Lorsqu'un vent violent arrive,

les arbres remplis de nids tombent. Alors les Grands Hérons abandonnent la héronnière au profit d'un nouveau site.

LES OEUFS

La femelle pond de 3 à 5 oeufs d'un bleu verdâtre pâle. Il y aura un intervalle de 2 jours pour la ponte de chaque oeuf. Puis l'incubation dure environ 28 jours. Les oeufs sont retournés régulièrement pendant cette période. L'éclosion des petits est étalée sur 7 jours environ. Les derniers à naître seront toujours un peu plus petits, plus faibles donc plus vulnérables*. Les premiers ont déjà augmenté leur volume et pris de la vigueur, lissant déjà leurs plumes. Le mâle et la femelle assurent la couvaison en prenant la relève de l'autre.

LES OISILLONS

À la naissance, les oisillons sont nidicoles, c'est à dire qu'ils naissent presque nus, recouverts d'un léger duvet et se déplacent difficilement dans le nid. Leurs yeux sont ouverts mais ils dépendent de leurs parents pour la nourriture, et aussi pour les abriter contre la pluie, le soleil et les prédateurs.

Durant les trois premières semaines, un des parents reste continuellement avec les petits pour les protéger et se reposer. L'autre chasse pour ravitailler les jeunes. Le mâle reste au nid pendant le jour tandis que la femelle chasse. La nuit, les rôles sont inversés.

Lorsqu'un adulte arrive pour nourrir les petits, il émet un cri guttural que les jeunes reconnaissent. Ils se soulèvent alors du nid en criant sans arrêt et en se prenant le bec. Cinq minutes plus tard

environ, l'adulte se pose dans le nid et régurgite* la nourriture pré-digérée* dans le bec des héronneaux.

Certains chercheurs croient que cette pratique permet aux jeunes de recevoir des anticorps des parents. Leur résistance aux maladies s'en trouve accrue.

Plus tard, lorsque les oisillons grandissent, ils vont chercher avec leur propre bec, la nourriture régurgitée de leurs parents. Par la suite, ils mettent la nourriture dans le nid. Les oisillons les plus forts se nourriront facilement mais les plus jeunes, c'est-à-dire les derniers nés peuvent s'affaiblir, être bousculés et tomber du nid. Ils meurent alors de faim.

À la fin de la deuxième semaine, les petits sont déjà plus bruyants, se déplaçant dans le nid, déployant leurs courtes ailes et nettoyant leur plumage. On remarque alors sur le rebord des nids, des traces d'excréments* blanchissant les branches parce que les jeunes ont de la difficulté à déféquer* par-dessus le nid.

À la fin du printemps, vers six semaines, les petits sont plus vigoureux et ont plus d'assurance. Au début de juillet, ils pratiquent leur vol sur place ou s'aventurent le long des branches avoisinantes.

Lorsque les chaleurs du début de l'été arrivent, les petits se placent sur le bord du nid et halètent le bec ouvert en faisant vibrer la membrane élastique de leur gorge pour se rafraîchir.

Après 7 à 8 semaines, un héronneau courageux, devenu aussi grand que les adultes, prendra son envol. Parfois il lui arrive de se poser dans un nid qui n'est pas le sien. Ceci occasionne des combats entre héronneaux. Plus fort, l'intrus demeure dans le nid jusqu'à ce qu'il soit chassé par l'adulte revenant nourrir ses petits.

À la dixième semaine, tous les nids seront vides, les jeunes étant partis définitivement dans les marécages ou les régions boisées pour apprendre à chasser. Ils resteront encore avec leurs parents de 2 à 3 semaines, le temps d'apprendre à se nourrir. Ensuite ils se disperseront avec d'autres juvéniles, là où la nourriture est abondante et hors des territoires de reproduction.

LES DANGERS

Seulement 2 ou 3 petits survivent dans la couvée. Les principaux dangers que rencontrent les jeunes dans le nid sont : le manque de nourriture, les orages ou les attaques de prédateurs* comme les goélands, les corbeaux qui profitent parfois de l'affolement créé par la présence d'humains. Mais leur principal ennemi demeure le raton laveur. On soupçonne même l'ours de causer la désertion de certaines héronnières.

Si un danger se présente, le parent Grand Héron émet un «Kouac» sourd et les petits cessent de chahuter et se blotissent dans leur nid. Le danger passé, ils recommencent à caqueter de plus belle !

Pour se défendre contre les intrus, les petits peuvent régurgiter de la nourriture sur l'ennemi.

Le vol désordonné de ces grands oiseaux peut désorienter et surprendre le prédateur et diminuer ainsi ses chances de capturer la proie convoitée.

Lorsqu'un rapace s'approche de la colonie et menace les petits, les adultes survolent les nids tout en criant. Si le danger persiste, les Grands Hérons poursuivent et harcèlent l'intrus en poussant de grands cris rauques jusqu'à ce que toute menace soit disparue. C'est la raison pour laquelle les Grands Hérons se regroupent pour mieux se protéger contre les prédateurs.

LA NOURRITURE

Les Grands Hérons se regroupent également pour faciliter la recherche de la nourriture en empruntant le même chemin suivi par leurs compagnons.

Le Grand Héron se nourrit de poissons, mais aussi de grenouilles, de salamandres, de serpents d'eau, de petits rongeurs ou de grands insectes comme les sauterelles ou les libellules.

On a également observé que les hérons semblent partager leur nourriture surtout dans les héronnières. Cette pratique aide à la nidification, assure la survie de l'espèce et pallie au manque de nourriture.

Les poissons capturés par le Grand Héron présentent en général peu d'intérêt pour l'homme sauf s'il s'approvisionne dans des pisci-

cultures* à découvert. En général, on considère le Grand Héron comme un oiseau utile.

Combien de fois avons-nous pu observer ces oiseaux avançant lentement en eau peu profonde ou faisant le guet sur le bord de l'eau, attendant leur proie ?

Soudain avec la rapidité de l'éclair, le Grand Héron attrape de son long bec, un petit poisson. Il relève son bec à la verticale pour engloutir sa proie*. Si c'est un gros poisson, il le harponne*. Lorsque le Grand Héron l'avale on peut apercevoir le poisson bouger dans son long cou. Après avoir englouti son repas, il recommence à pêcher ou il se repose.

LE PLUMAGE

Le mâle et la femelle sont identiques. On peut cependant les distinguer lors de l'accouplement : la femelle est placée sous le mâle et lors de la nidification, c'est la femelle qui bâtit le nid. Mais il est très rare de pouvoir les observer à ces moments-là.

Les juvéniles deviennent matures après le troisième automne. On les reconnaît par leur tête entièrement noire dépourvue d'aigrettes. De plus, la couronne blanche et les épaulettes noires sont absentes. C'est au cours de ces trois années qu'ils acquerront graduellement ces caractéristiques.

Comme tous les oiseaux, les Grands Hérons muent* à la fin de l'été. Une deuxième mue partielle a lieu à la fin de l'hiver.

LES SOINS DU PLUMAGE

Le nettoyage a pour but de débarasser les plumes de la saleté et de l'humidité. C'est aussi une activité de détente. L'oiseau ébouriffe ses plumes pour avoir un meilleur accès. Puis avec son bec, il étend une substance huileuse excrétée par une glande située à son croupion, près de sa queue. Il étend cette huile sur ses plumes, les mordille et les étire. Cet exercice sert à entretenir son plumage afin d'obtenir une meilleure condition de vol et une protection thermique adéquate en plus d'imperméabiliser ses plumes . Il utilise sa patte pour se gratter la tête et la nettoyer.

Pendant la période de reproduction, le couple se fait mutuellement la toilette : chaque partenaire lisse les plumes de la tête, du cou et du dos de l'autre.

DE LA MÊME FAMILLE

Plusieurs oiseaux font partie de la famille des Ardéidés. Certains viennent rarement au Canada. On les retrouve aux États-Unis et jusqu'en Amérique du Sud.

La Grande Aigrette
Aire : De l'extrême sud du Canada au sud de l'Amérique du Sud.

L'Aigrette neigeuse
Aire : De l'extrême sud du Canada à l'Argentine.

Le Héron garde-boeufs
Aire : Aux États-Unis jusqu'en Amérique du Sud.

L'Aigrette bleue
Aire : De l'est des États-Unis au Pérou et en Argentine.

L'Aigrette tricolore
Aire : De l'est des États-Unis au Brésil.

Le Bihoreau violacé
Aire : De l'est des États-Unis jusqu'au Nord et à l'est de l'Amérique du Sud.

Ces oiseaux de la même famille se retrouvent plus près de nous :

Le Bihoreau gris
(Bihoreau à couronne noire)
Aire: Du sud du Canada à l'Argentine.

Le Butor d'Amérique
Aire: Du Canada au Golfe du Mexique.

Le Héron vert
Aire: Du sud-est du Canada jusqu'au Nord de l'Amérique du Sud.

Le Petit Blongios (Petit Butor)
Le Petit Blongios est considéré comme un oiseau «vulnérable»* au Canada. Il est très difficile à apercevoir parce qu'il est très localisé* et en très petit nombre.

CONCLUSION

Le Grand Héron semble être peu affecté par la pollution. Son principal ennemi est l'homme car le Grand Héron installe souvent sa héronnière dans des forêts exploitées pour la coupe de bois. L'isolement nécessaire à la survie du Grand Héron est alors brisé.

Un autre danger menace aussi le Grand Héron ainsi que toute la faune vivant et se nourrissant dans les milieux humides. La perte de ces milieux par l'assèchement pour l'agriculture, la construction d'autoroutes, de quais, de barrages ou pour le développement domiciliaire en sont les principales causes. Heureusement il existe certains organismes dont le but est de protéger et de conserver les richesses des milieux humides.

EN RESUMÉ

Ardea herodias Linnaeus.

Famille : Ardéidés.

Longueur : De 108 à 132 cm.

Envergure : Plus de 2 mètres.

Voix : Croassement rauque: *frahnk, frahnk.*

Le nid : Dimension : 60 cm à 1 m.
Emplacement : Très haut dans les arbres.
Couvée : 1 par année.

Oeufs : 3 à 5 d'un bleu vert, 64 mm.
Incubation : 28 jours par le mâle et la femelle.

Oisillons : Nidicoles semi-précoces.
Cri : *Kak-kak.*
1ère phase de croissance : 7 à 8 semaines.
2e phase de croissance : 2 à 3 semaines.

Juvénile : Absence de couronne blanche et d'aigrettes.
Tête noire, pas d'épaulettes.

Âge adulte : À 3 ans.

Mue : Fin de l'été, mue partielle en hiver.

Migration : Printemps, de février à mai.

Automne, de la mi-septembre à la fin octobre.

Comportement : Été : Vivent en colonies pour niche; se dispersent après.

Hiver : Dispersés pour se nourrir.

La nuit : Dans des abris communautaires.

Zone de tolérance : Plusieurs mètres.

Durée de vie : Jusqu'à 21 ans.

Vie de couple : Monogame*.

Nourriture : Poissons, grenouilles, serpents d'eau, insectes, rongeurs et salamandres.

fin février à début avril	mi-avril à début mai	mai à début août	août	mi-septembre à octobre
MIGRATION PRINTANIÈRE	COUR	NIDIFICATION	MUE	MIGRATION AUTOMNALE

LEXIQUE

Copulation : C'est l'accouplement du mâle et de la femelle.

Déféquer : Expulser les excréments, la fiente.

Échassier : Oiseau à très longues pattes.

Envergure : Distance entre le bout des ailes ouvertes d'un oiseau.

Excrément: Matière évacuée du corps par les voies naturelles, la fiente.

Harponner : Traverser le corps du poisson avec le bec comme une épée transperce.

Hectare : Mesure de l'aire valant 100 000 m².

Héronnière : Lieu où niche une colonie de hérons.

Localisé : À une place bien déterminée.

Monogame : Qui n'a qu'un seul partenaire pour la saison ou pour la vie.

Muer : Perte graduelle des plumes couvrant le corps des oiseaux.

Parade nuptiale : Cérémonie effectuée par le mâle pour attirer l'attention de la femelle ou accomplie par les deux oiseaux.

Pisciculture : Élevage de poissons dans des bassins artificiels.

Prédateurs : Qui se nourrit de proies animales.

Pré-digérée : Nourriture déjà digérée par les adultes et réduite en "bouillie".

Proie : Être vivant capturé et dévoré par un prédateur.

Régurgiter : Action de rejeter les aliments qui viennent d'être avalés.

Septentrionale : Région du Nord.

Territoire : Étendue de terre plus ou moins grande défendue par un oiseau, ici le Grand Héron, contre ses semblables et servant à la recherche de nourriture.

Tolérance : Distance supportable acceptée par un individu, ici le Grand Héron, devant la présence d'un de ses semblables. Si cette distance n'est pas respectée il se manifeste de l'agressivité et les oiseaux s'éloignent.

Vulnérable : Espèce d'oiseau exposée à devenir menacée ou en danger de disparaître si on continue de détruire son habitat.

BIBLIOGRAPHIE

Godfrey, W. Earl. *Les oiseaux du Canada*, Musée national des sciences naturelles, Canada, Éditions Broquet, L'Acadie 1989.

Robert, Michel. *Les oiseaux menacés au Québec*, l'A.Q.G.O. et Environnement Canada, Service canadien de la faune, Ottawa 1989.

Savage, Candice. *Ces merveilleux oiseaux du Canada*, Les Éditions la Presse, Montréal 1985.

Terres, John K. *Encyclopedia of North American birds*, Wings Book, New York 1991.

Stokes, Donald et Lilian. *Nos oiseaux* Tome III, Les Éditions de l'Homme, 1990.

McFarland, David. *Dictionnaire du comportement animal*, Éditions Robert Laffont, Paris 1990.

Ehrlich, Paul R. Dobkin David S. Wheye Darryl. *The birder's handbook*, Éditions Fireside Books, New York 1988.

Peterson, Roger Tory. *Les oiseaux de l'est de l'Amérique du Nord*, Éditions Broquet, L'Acadie 1989.

Cazes, Jean. *Franc Vert*, Volume 8, n°3, mai-juin 1991

Drapeau, Jean-Pierre. *Franc Nord*, Hors série, n°4, 1990.

Desgranges, J.L. *Le Grand Héron*, Service Canadien de la Faune, Ottawa, 1979.

Aubry, Yves. Lambert, François. *Nidification des oiseaux du Québec*, Chronologie, Service Canadien de la faune, Services du Canada, 1984.